Guelor IBARA NGATSE

Les Coulisses d'une Église

Guelor IBARA NGATSE

Les Coulisses d'une Église

Dessus et Dessous

Éditions Croix du Salut

Imprint
Any brand names and product names mentioned in this book are subject to trademark, brand or patent protection and are trademarks or registered trademarks of their respective holders. The use of brand names, product names, common names, trade names, product descriptions etc. even without a particular marking in this work is in no way to be construed to mean that such names may be regarded as unrestricted in respect of trademark and brand protection legislation and could thus be used by anyone.

Cover image: www.ingimage.com

Publisher:
Éditions Croix du Salut
is a trademark of
Dodo Books Indian Ocean Ltd. and OmniScriptum S.R.L publishing group

120 High Road, East Finchley, London, N2 9ED, United Kingdom
Str. Armeneasca 28/1, office 1, Chisinau MD-2012, Republic of Moldova, Europe
Printed at: see last page
ISBN: 978-620-3-84586-0

LES COULISSES
D'UNE EGLISE
Guelor IBARA NGATSE

LES COULISSES D'UNE EGLISE
DESSUS,
DESSOUS

GUELOR IBARA NGATSE

Auteur d'un autre livre intitulé ''**Prière inspirée de la Bible, Psaume et Matthieu**''

Diplôme de théologie à l'institut Théologique et pastorale a l'IMADAC (Institut Moisson des Assemblée de Dieu Au Congo)

Chrétien à l'Église ACPV (Assemblée Chrétienne parole de vie)

Master en Ingénierie du Système d'information à l'institut ISTP

SOMMAIRE

INTRDODUCTION

Toute entité a un côté visible et invisible. Ces deux côtés symbolisent les deux dimensions, l'une est physique et l'autre est spirituelle.

Une église est une entité, tout comme une association à caractère spirituelle identique aux autres associations spirituelles ou culturelles, mais elle obéit au principe de deux dimensions, celui qui est vue à l'œil nus et celui qui reste caché à ceux qui ne sont pas dans le système.

Ce livre va nous amener dans les coulisses d'une église, ces dessus et dessous qui te permettra de connaitre ceux qui doivent être dit sur les toits et ce qui doit être dit sous les toits.

I. LES DESSUS D'EGLISE

Les dessus d'une église représentent tous ceux qui est vue et connus et exercer par tous les membres ou d'autres personnes étrangères à l'église.

Ici il s'agit de ce que la bible appel la foule **Marc 4 :1-9**, la foule représente une entité ou une catégorie des personnes qui doivent connaitre que ceux qui est au-dessus, ceux qui est visible, ceux que tous peuvent connaitre et écouté.

Dans ce texte de **Marc 4.1-9**, le Seigneur Jésus Christ au verset 2 du chapitre 4, il enseigne la foule en parabole. Or nous savons tous que les paraboles est un langage de sagesse qui consiste à faire véhiculée des informations, des vérités spirituelles au sens figurée ou des connaissances dans un langage codé ou caché. Ce qui est dit en public n'est pas la même chose de ceux qui serai dit en privée.

Comprenant que, la foule dans l'église représente les membres qui ne sont pas disciples ou fidèles d'une église et qui ne participe pas dans les commissions ni dans l'organisation ou décision de cette église.

La suite de **Marc 4 :10-20**, montre comment Jésus Christ parle maintenant en particulier aux autres groupes des personnes dont la bible appel ceux qui l'entouraient et les douze apôtres, donc il s'agit des disciples, le cœur de l'Église de Jésus Christ.

Chers hommes de Dieu, chers pasteurs, l'Église doit avoir ces dessus et dessous, Jésus christ notre Seigneur et notre modelé parfait na pas contredit la règle, celui de séparer des éléments qui compose l'Église, une entité ont faisons la distinction entre la foule, ceux l'entourent et ces douze apôtres.

Si nous prenons ce parallèle avec une Église nous nous retrouvons à une chose semblable telle qu'un homme de Dieu avec ces collaborateurs qui sont soit les anciens, diacres, responsables, ces proches qui constitut le corps pastorale et l'ensemble des fidèles de l'Église.

Tous nous sommes appelés à connaitre les dessus d'une Eglise, mais pas les dessous d'Église, ou ces placards, ça cuisiné interne.

En ce qui concernait les dessus ou le côté visible d'une Église, il y a quelques points dont nous jugions important à faire connaitre à des fidèles de l'Église, quelle que soient leurs catégories.

Pourquoi le faire connaitre, cela va de l'image de l'Église, de l'évangélisation et de permettre aussi à ces membres non actifs de devenir actives ou de rentrer dans le cercles fermes de ceux qui serons appeler à connaitre les secrets ou les dessous d'une Église. Par ce qu'une personne qui ne connait pas une information de base d'un lieu ou une Église, je ne voie pas comment il pourrait adhérer à l'Église ou à la communauté.

La première de toutes les informations à transmettre à ces membres est la vision ou la dénomination de l'Église.

1. LA VISION

Outre que la bible qui est le dénominateur commun à toutes les églises chrétiennes, chaque église chrétienne quel que soit sa taille ou sa grandeur doit avoir une vision claire et net de sa mission ou sa dénomination claire et net.

Celui-ci doit être promulguer et connus de tous les membres de l'Église sans ambigüité ou difficulté.

Il est nécessaire pour nous de donner quelque élément qui fera que la vision soit communiquée à tous.

Une chose est vraie que les pasteurs Principales devraient aussi expliqués à tous les membres, comment ils ont reçu la vision et transmettre dans un langage claire la vision dans les mots simples tel que la devise d'une nation.

Au sujet de la vision, la vision se définir comme le projet, le but poursuivit ou la raison d'être.

L'exemple de Moise et le peuple d'Israël est une source d'une grande inspiration a développé dans ce livre.

Car Moise reçoit la vision dans **Exode 3 :1-10**, celui de sortir le peuple d'Israël, ceci n'était pas encore un peuple juste une famille nombreuse.
La vision du buisant ardent est l'image qui va pousser Moise a s'approché pour connaitre davantage, et expliquer aux autres pour qu'il adhérer à cette vision de la libération. L'auteur de cette vision est Dieu, Moise est que celui qui reçoit la vision, c'est exactement comme pour l'Église. L'auteur de l'Église c'est Jésus Christ qui par le bien des apôtres vont bâtir la toute premier Église et qui va inspirer plusieurs hommes de Dieu dans notre temps à créer des entités Église dénomination pour conduire le peuple de Dieu qui sont ces membres vers un but comme Moise conduisit des enfants d'Israël vers la terre promise.

Le but d'expliqué la vision, est celui de produire l'adhésion des membres, comme Moise a puis expliqué la vision aux enfants Israël **Exode 4 :1-10, 29-31** pour que ceux-ci lui fassent confiances et accepter de s'impliquer dans ce vaste projet malgré des risques dont ils vont connaitre en Egypte et en suite dans le désert.

Toutes les églises doivent savoir cette éventualité, une Église qui a une vision claire et expliquer aux membres la vision de l'Église, cela facilitera l'adhésion des nouveaux membres sans hésitations.

Une autre chose importante c'est la devise qui accompagne la vision. Plusieurs Églises négligent cet aspect, cours le risque de disparaitraient et voir même du mal à croitre en nombre.

A l'exemple des nations qui ont chacun une devise qui le distingue d'une nation a un autres, des églises devraient avoir leurs devises qui explique la vision en trois ou quatre mots simples pour la compréhension des membres et des nouveaux adhérents.

2. ORGANISATION

Dieu est un Dieu d'ordre et d'organisation, toute entité ou maison qui manque d'organisation va droit au mur.

Une Église qui manque dans son sein un plan d'organisation, voir une commission d'organisation risque de présenter un grand désordre et sera une Église dit Église cours du Roi Petto.

Pourquoi l'organisation est si importante, par ce que dans l'église, il y a souvent des activités. Ces actives sont connues de tous à savoir des cultes, des séminaires, des veilles de prière, des répétitions… Toutes ces activités pour bien se dérouler à besoin de plan d'organisation, qui définit le temps des séances, la date des évènements, des acteurs, des parties du culte pour bien se dérouler.

Il ne sera pas normal, que le modérateur ne soit pas désigné d'avance, mais juste à l'improviste.
Ça désignation en avance lui permet de préparer la cérémonie du point de vue spirituelle, physique … Cela va de pair avec l'orateur, la chorale et le protocole.

Mais, en quoi l'organisation doit être dans les dessus ou le cote visible de l'Église ?
Voici quelques raisons non exhaustives :

- Toute activité qui regroupe des personnes à besoin de voir une organisation pour bien se dérouler. Etant donné que l'Église à son sein plusieurs activités voire chaque semaine doit avoir une organisation visible.
- Pour bien accueillir des fidèles présentes aux réunions ou aux cultes.
- Pour mettre les participants aux différentes réunions ou cultes en confiances, car toute personne qui voie un lieu bien n'organise est rassurer.
- Pour bien repartir des tâches et bien gérer le temps et le calendrier
- Par ce que les activités sont public et les acteurs des réunions et cultes sont connus.
- Pour bien repartir des tâches aux différents acteurs

Tout organisation non visible et acceptable, détruira l'Église dans son interne et externe.

Remarquer dans la bible, le cas du peuple d'Israël avec Moise où Dieu va lui donner l'ordre pour le campement **Nombres 2 :1-34**.

Il y a un autre fait dans l'histoire de Moise avec le peuple d'Israël.
Moise dans **Exode 18 : 13-27** était le seul à tous faire, à vouloir organiser le peuple, mais cela apparait aux yeux

de son beau-père Jethro comme un grand désordre, fastidieux travail, manque d'organisation structurelle et pour tant cela ne lui concerne pas, mais il a vu cela a ces yeux et pouvais donner son avis et proposer à Moise un plan d'organisation structurelle et bien repartir en tâches et responsabilités partager avec quelque responsable trouver digne de partager avec Moise cette responsabilité.

L'Église doit suivre ce modèle d'organisation hiérarchique et partager pour mieux s'organiser et exécuter la mission reçus du Seigneur Jésus Christ.

Même dans le groupe de Jésus Christ nous voyons une organisation structurée. Ils avaient des femmes qui étaient charger des tâches bien précise **Luc 8 :1-3**, même Juda est désigné comme était le financier et caissier du groupe Jean 12 :4-6.

L'organisation au sein de l'Église apporte l'ordre et stabilité de l'Église. Elle permet aux membres de savoir leurs tâches et donner aux autres personnes externe une bonne image de l'Église.

3. ADMINISTRATION

L'administration est un élément important aussi pour une Église, elle permet de gérer les fidèles, de gérer la documentation que l'Église va avoir tout au long de son existence. Cela va donner à celui-ci la traçabilité et facilitera la communication avec d'autre organe à savoir :

- L'Etat
- Les autres églises
- Les communautés
- Et les autres associations

Une Église qui néglige son aspect administratif cours à sa perte.

Or l'administration donnera à l'Église les informations nécessaires pour gérer :

- Les responsables
- Ces fidèles
- Ces extensions
- Ces charges
- Son fonctionnement
- …

Prenons des exemples suivants celui du peuple d'Israël, des babylonien, des perces et Mendes.

Vous remarquerez que le peuple d'Israël non seulement à l'action de Dieu toute au long de leur Histoire, mais aussi a la documentation ou l'administration en son sein. Ils nous ont légué un héritage non verbal, mais documenter ou on peut savoir son fonctionnement, celui du tabernacle et même des temples et synagogues.

La bible parle d'un Roi de Juda Josias dans **2 Rois 22, 2 Rois 23** ou la découverte du livre de la loi va donner une nouvelle dynamique pour non seulement comprendre les problèmes que son royaume rencontrait, mais aussi de bien servir l'Eternel Dieu, réparer la maison de Dieu, restaurer le culte et la gestion de son royaume tout en détruisons des idoles qui était un grand problème de son royaume.

Pour le deuxième exemple, les babyloniens, les Perces et Mendes sont des exemples intéressons aussi pour leurs administration, l'histoire montre comment leurs administrations fonctionnaient malgré le multiraciale du royaume, l'administration permettait de bien gérer les peuples et leurs cultures avec ces scribes pour tous notés et ceux qui permettaient aux rois de prendre des bonnes décisions pour le bon fonctionnent de leurs Royaumes.

Dans les livres bibliques suivants Daniel et Esther où nous avons une organisation et une administration solide de ces peuples qui leurs permettaient de biens conduire les autres outre que leurs armées puissantes.

Pourquoi l'administration doit faire partie des dessus d'une Église ?

Premièrement, pour communiquer avec l'extérieur ou l'environnement externe à l'Église. Une Église doit savoir que les autorités vont leurs demandés des papiers pour exercer dans leurs territoires.
Vous serez appelés à voir des autorisations du ministère de l'intérieur, de la police …

Deuxièmement, la communication avec d'autre Église doit se faire à base des documents comme des lettres, invitations…

Troisièmes, la gestion des fidèles et des églises locales, extensions, cellules, des matérielles ou finances doivent faire l'objet d'une administration écrite pour biens garder la traçabilité.

4. LA DOCTRINE

La doctrine représente la charte, la constitution d'une Église. Il est l'ensemble des valeurs, des principes directrices qui permet d'oriente la vision vers son objectif.

Sans la doctrine, la vision ne sera pas bien exécutée et claire aux yeux des fidèles. D'où son important et sa valeur au sein d'une Église.

La majorité des églises sont connus jusqu'aujourd'hui dans nos mœurs grâce en partie à leurs doctrines, qui devienne au fur et à mesure leurs valeurs, leurs marques de fabrique, leurs distinctions.

Certaines doctrines s'appuient sur leurs livres de base comme pour la plupart des Eglise la Bible, certain sur leurs habillements, d'autres sur leurs pratiques, ont trouvé aussi des doctrines qui s'appuient sur leurs pratiques du culte particulier, ou rituelles, la nourriture, le comportement, leurs objets sacres…

Hormis ces aspects cités, la doctrine, en elle-même est ensemble des règles, des valeurs ou des principes de base à respecter pour la bonne marche de l'Église.

Dans l'ancien temps, vous remarquerez que le peuple d'Israël avait sa doctrine outre que la vision de la terre promise du Canaan, les dix commandement **Exode 20**, les lois relatives à la liberté et à la vie **Exode 21,** les lois relatives à la propriété et aux mœurs **Exode 22** et les lois morales et cérémonielles **Exode 23** constitue le socle de la doctrine juifs tout au long de leurs histoire d'où l'appellation de la lois de Moise dans la plupart de référence bible a cela Malachie 4 :4, Jean 1 ;17 , Luc 24 :44...

Aucun juif ne peut mener sa vie à sa guise, il doit se conforme à cette loi de Moise comme une doctrine, leurs valeurs sur dans leurs vies.

Il est de même pour les églises, tout fidèle devrait connaitre la doctrine de l'Eglise c'est-à-dire les grandes lignes qui permet le fonctionnement de celui-ci. D'où la nécessité de le faire connaitre, leurs présentés la doctrine souvent une ou plusieurs fois dans l'année question de retenir et de donner l'occasion aux nouveaux fidèles.

Dans la nouvelle alliance, Jésus fait de même on commençant par annonce les princes de base de sa doctrine qui fait office a tous les doctrines chrétiennes le sermon sur la montagne ou les béatitudes ou encore les principes du royaume de Dieu ou des cieux on n'est une belle illustration **Matthieu 5, 6,7…**

Voici les éléments qui doivent constitue la doctrine chrétienne **Herbeux 6 :1-2** :

- Le renoncement ou l'abondons des œuvres morts
- La confession de foi : Dieu le père de tous, Jésus Christ son fils unique, mort sur la croix pour nos péché, ressuscité, monter au ciel et il reviendra…, nous croyons aux Saint Esprit de Dieu…
- La doctrine des baptêmes
- L'imposition des mains

- La résurrection des morts
- Et le jugement dernier

Tous les fidèles d'une Église dit chrétiennes doit connaitre et renoncer aux œuvres morts que la bible appel aussi les œuvres de la chair **Galates 5 : 19-21**, leurs foi doit se focalise sur Dieu le Père, en Jésus Christ notre Seigneur et Sauveur et au Saint Esprit pour son action dans l'Église. Il doit mettre en pratique le baptême par immersion faite par Jésus Christ et les disciples, ce baptême est différent des autres baptêmes comme celui de l'aspersion... aspirer aussi aux baptêmes du Saint Esprit, mettre en pratique l'imposition des mains, croire à la résurrection des morts et au jument dernier.

5. LES CULTES

Le culte est l'élément nécessaire de la pratique chrétiennes, sans le culte pas d'Église. Le culte fait l'Église, c'est lors des cultes que les fidèles sont prêchés, enseigner et nourrie de la parole de Dieu...

Ainsi, le culte différé de l'occulte, car elle doit se faire en public, tous ces rituelles sont connus de tous, pas comme ce qui es occulte. Ce qui est occulte reste caché, voiler aux yeux de tous, par contre le culte lui, il est dévoilé a tout.

Un culte chrétien doit respecter ou obéir à ces éléments :

- Un temps d'accueil et salutation
- Un temps de prière d'ouverture, d'action de grâce, de pardon…
- Un temps d'adoration et de louange
- Un temps de prédication, suivi des services (de guérison, prophétique, consécration…), témoignage…
- Un temps des offrandes et dîmes
- Un temps des annonces ou communiqués
- Un temps de prière d'intercession et de clôture

Ces temps sont nécessaires pour le bien déroulement des cultes. Dans chaque culte, il faut le principe de chaque chose a son temps de **Ecclésiaste 3 :1** doit être appliquer pour éviter le dérapage ou l'incompréhension ou encore le désordre.

Mais tous les cultes ne se déroule pas de la même manier avec le même timing. Il y a des cultes de dimanches, des cultes matinales, des cultes du soir, des cultes spécifiques (cultes d'intercession, des malades…) …

Les cultes doivent avoir ou revêtir un caractère solennel, ceci doit être explique à tous les acteurs du culte.
Un culte est composé des acteurs suivants :

- Un modérateur ou plusieurs modérateurs

- Des choristes qui composent un ou plusieurs chorales
- Des protocoles
- Un prédicateur
- Des techniciens
- Des financiers
- Les membres du corps pastorales
- Les membres participants

6. LES PROGRAMMES

Les programmes sont l'ensembles des projections ou activités prévis outre que les cultes de dimanches ou de la semaine déjà programmées.

Une Église doit avoir ces programmes a lui pour une année. Car chaque année, une Église doit organiser outre que les cultes des autres programmes pour la bonne marche spirituelle de ces fidèles et de l'Église.

Parmi ces programmes, nous pouvons cites :
- Les retraites spirituelles
- Les jeûnes et prières
- Les séminaires
- Les compagnes d'évangélisation
- Les visites (les membres, les orphelinats, des hôpitaux ...)
- Ecole de dimanche
- Les activités culturelles (le sport, le théâtre...)

- Les répétitions
- La formation
- Des Etudes bibliques
- Des séances de baptêmes
- La sainte cène
- Les veilles de prières
- Les missions
- Les conférences

Toutes ces activités font partie des programmes que l'Église organiser en dehors des cultes qui sont des activités principales, ces programmes donnent vie à l'Église, contribue énormément à forger, bâtir et très plus près des membres ou fidèles de l'Église et bien sur d'autres membres non adhésion à l'Église ...

Si ces programmes sont mis œuvres et bien organise, cela va apporter un plus à l'Église en une année.

Ce programme certes interne à l'Eglise, mais ces exécutions restent publiques et connus de tous sans distinction, hormis des répétitions qui sont souvent réserver au groupe comme la chorale... La sainte cène et le baptême sont aussi réservés a ces qui sont programmes et la saint cène a ceux qui sont déjà baptisé. Mais Le reste des activités sont disponibles pour tous les fidèles ou membres de l'Église.

Nous savons toujours que ces programmes sont souvent les instructions du Sainte Esprit comme l'exemple de l'Église primitive dans le livre des actes des apôtres, **Actes 13 :1-4**, mais ils peuvent être aussi le fruit d'une réflexion ou programmation à soumettre à Dieu pour la marche d'une Église. Comme le dit un adage " L'homme propose et Dieu dispose" et un autre " Aide toi, le ciel d'aidera", en comprend que le Pasteur principal ou les responsables des commissions ont des responsabilités énormes pour le fonctionnement d'une Église tant spirituelle, sociales, physique…

7. LES SEMINAIRES

Les séminaires sont des formations ou enseignement spécifique. On organiser des séminaires pour partager des vérités parfois mal comprises lors des prédications.

Durant des séminaires, on prend du temps pour expliquer des concepts, des vérités…

Le but des séminaires est d'enseigner et de faire un tour d'horizon sur la thématique, en examinant les contres et les pours et amener à la maturité le peuple de Dieu.

La plut part de ces séminaires prennent plusieurs jours et sont focalisées sur des sujets d'enseignements et d'exhortations...

Une Église peut organiser les différents types de ces semaines :
- Les séminaires bibliques
- Les séminaires théologiques
- Les séminaires scolaires ou éducatifs
- Les séminaires sociaux ou culturelles
- Les séminaires familiaux
- Les séminaires lucratifs ...

Toutes ces séminaires doivent poursuivre un seul but celui de former, enseigner, exhorter, corriger, éduquer... comme le fait la parole de Dieu. **2 Timothée 3 :16-17**.

8. L'EVANGELISATION

L'ordre suprême de Jésus Christ était ''d'aller par tout le monde, et prêches la bonne nouvelle...'' **Marc 16 :15-20** et dans **Matthieu 28 : 19-20** il est dit '' d'aller, faites de toutes les nations des disciples...''

Dans ces deux textes bibliques, il s'agit d'évangélisation.

L'évangélisation à mon sens signifie évangéliser, propager la bonne nouvelle de Jésus Christ par tout dans le monde pour faire ces disciples ou citoyen du royaume de Dieu.

Dans cette définition, nous voulons un travail primordial, celui de gagner des âmes pour Jésus Christ et son royaume.

Ce travail nécessite la préparation, l'équipement et l'engagement sans intérêt pour l'œuvre de Dieu.

La première des équipements dont dispose une Église pour l'évangélisation est la puissance du Saint Esprit **Actes 1 :8.** Sans la puissance du Saint Esprit ou sa présence l'Église aura beaucoup du mal à gagner des âmes et croite spirituellement.

Pour évangéliser, il est nécessaire aussi de savoir des méthodes à utiliser, car toutes les âmes ne sont pas gagnées de la même manier.

Voici quelques méthodes dont peut être utilisé par une Église :

- L'évangélisation porte à porte
- L'évangélisation par connaissance
- Compagnes d'évangélisation
- L'évangélisation par les médias

- L'évangélisation par internet

Outre que les méthodes, l'Église doit mettre les moyens en jeux pour une évangélisation efficace.
Ces moyens peuvent être :

- De bouche à l'oriel
- La publicité
- Les Séminaire
- Les invitations
- Les supportes visuels
- Les conférences
- Des communiqués

Une Église qui évangéliser pas ne faits l'œuvre de Dieu au complet. Car au ciel il y a de la joie pour une âmes gagne ou un pécheur repentant...

9. LA GESTION

Tout organe a besoin de la gestion pour bien gérer tous ce qu'il peut gagner et avoir toute au long de son fonctionnement.

L'Église est un organe spirituel qui a besoin de la gestion pour gérer tous ce qu'elle disposer.

Qui dit gestion, dit :
- Le personnelle

- Les finances
- Les matérielles
- L'édifices
- Et autres

La gestion d'une Église amener à la planification, a la projection et la prévision pour atteindre des objectifs ou le but de la vision de l'Église.

Une Église qui néglige son aspect gestion, courre a risque de pouvoir pas gérer ces charges.

On note plusieurs charges de fonctionnement d'une Église.

Comment suivants :

- Les charges fixes (
- Les charges de fonctionnements
- Les charges pastorales
- Les imprévus

Plusieurs hommes de Dieu souhait avoir une Église et oublier que toute les Églises ont des charges qui font son fonctionnement.

Outres que les charges, la gestion doit prendre aussi en compte des autres aspects du fonctionnement comme des entrées et sorties, des dons et legs, la mobilité du corps pastorales, de l'hébergements des serviteurs de Dieu, des collations et d'autres...

Prenons l'exemple de joseph en Egypte **Genèse 41**, il fut établi par Pharaon deuxième du pays pas par son explication des rêves de celui-ci, mais par sa capacite a bien proposer des solution de gestion et de planification de la situation pas d'une seul année, mais de plusieurs année consécutives.

On comprend par cet exemple, que la gestion touche non seulement des pays ou nation, aussi des églises puis que cet exemple elle est biblique, et tout ce qui est écrit est écrit pour notre édification.

Même le Seigneur Jésus Christ nous enseigner dans une parabole de l'intendant infidèle sur exemple de la gestion **Luc 16 :1-12**.

Une bonne gestion permet à l'Église de reprendre à plusieurs besoins qu'ils soient urgents ou non.

10. L'EDIFICE ET MATERIELLES

Une Église a besoin d'un édifice comme un corps ou être humain a besoin d'une maison pour se loger et garder ces matérielles.

Sans l'édifice les cultes n'auront pas lieu et il sera difficile d'organise des cultes a ciel ouverte ou en court des risques des pluies, des vols du matérielles, la distraction et le désordre occasionnées par des personnes mal intentionnées.

Le matérielle lui il permet d'embellir l'édifice pour accueillir des membres dans les cultes.

Le temple de Jérusalem est un bel exemple du besoin de l'édifice pour l'œuvre de Dieu. Le Roi Salomon fut le premier à bâtir un édifice en l'honneur du Dieu vivant **1 Rois 6 et 8**. Cette édifie va donner l'exemple pour toutes les temples, synagogues ou maisons de Dieu qui serons construites après cette première expérience du roi Salomon.

Une Église d'un de nom, qui veut sa survit doit impérativement construire un édifice en l'honneur du Dieu vivant pour avoir un cadre pour le bon déroulement des cultes, des activités.

L'édifice et matérielles font parties de éléments qui présente et marque la visibilité d'une Église.

L'édifice et matérielles d'une Église diffère d'une maison privée ou autre lieu publique pas par rapport à l'objet qui sont à l'intérieur, mais juste par rapport a son caractère sacre et réservé à Dieu Esprit.

Voici l'exemple biblique du Roi Belshatsar dans **Daniel 5**, un est bel exemple du caractère sacre de tous ceux qui est réservé à Dieu et à sa maison. Ce Roi va être puni par Dieu tout simplement par ce qu'il a utilisé les matérielles réservé de Dieu qui étaient au temple e Jérusalem.

Chaque Equipment, édifice ou toute autres objets de Dieu son sacre et mérite une bonne attention particulière de la part de tous.

Il est curieux voir inconservable de voir des hommes volés et prendre des objets ou édifice réservé à Dieu sans aucune crainte.

11. LES FIDELES

Les fidèles sont des membres d'une Église ou communautés.

Parmi des fidèles, il y a ceux qui sont :

- Actifs
- Moins actifs
- Passifs

Outre que cette aspect active et passif, on peut aussi les catégoriser par :

- L'assemblée
- Les membres de commissions
- Les diacres
- Les anciens
- Les pasteurs ou autres ministres de Dieu…

Ces membres constituent réellement l'Église en ces termes et en son vrai sens. Son ces membres, l'Église n'a pas d'existant.

L'ordre de Jésus Christ n'était pas de bâtir des édifices de grande envergure ou moche, même si cela est nécessaire pour une Église, mais pour Jésus christ l'Église est de gagné des âmes pour le royaume de Dieu qui est préparer pour tous.

Les membres d'une Eglise sont des citoyens du royaume des ciel sur terre.

Eglise doit considère ces membres comme les brebis qui ont besoin d'être conduit vers les verts pâturages, protèges, nourrie et amené vers la table de l'onction. Souvenez-vous du **Psaumes 23**, ou le Palmiste, le Roi David montre les étapes que de réalisation de Dieu dans sa vie. Cela est de même avec l'église qui a reçus mondât de Dieu pour conduire ces membres.

III. LES DESSOUS D'EGLISES

Comme un fruit qui a son côté externe sa chair et son côté interne qui est le noyau, l'Église a aussi ce même mode de fonctionnement.

Il y a des choses externe ou visible à tous et des choses interne ou invisible dans un certaine mesure.

Le cœur de l'Église repose ici, car c'est dans ces points que les décisions sont prises, les secrets sont dévoilés et connus.

C'est dans ces différentes éléments que les proches se constitue, se forme et ont des informations plus précises que toute l'Église.

Comme nous la vont invoque précédemment dans **Marc 4 :10-20**, Jésus Christ avait un entourage proche et des douze apôtres qui avaient le droit de connaitre certaines principes ou précisions dans l'œuvre de Dieu plus que la foule.
Tout comme Moise avait aussi avait un entourage de 72 anciens qui ont reçu la même portion de L'Esprit Saint qui été sur lui pour lui aide de ses missions, même là aussi il y avait plus proches comme Aaron, Hur et Josué **Nombres 11 :16-29.**

Une église a toujours un cercle ferme, un conseil, une équipe aux tours du Pasteur principale pour examiner les dossiers ou sujets sensible de l'Église.

Tous les Églises à ces réaliste, ces secrets dans les placards qui nécessite un conseil pour prendre des bonnes décisions.

Le mode de fonctionnement des synagogues était aussi pareil, il y avait toujours un conseil dans chaque temple pour examiner tous les sujets, ce conseil ou sanhédrin était souvent compose de :

- Souverain sacrificateur
- Les scribes
- Les anciens

Voir dans **Matthieu 26 :57.**

Souveniez-vous du conseil qui s'est tenu la nuit avant le lever du soleil pour statuer du sort de Jésus Christ notre Seigneur avant d'être crucifier, était compose de ces membres restreins pour juge son cas **Marc 14 :53-65**.

Outre que les membres restreignent d'une Église, il y a aussi des activités ou des actes restreins qui doit être fait uniquement par un groupe restreint des membres de l'Église.

Parmi ces actes on peut parler de :

- La cure d'âmes

- La sainte cène
- L'intercession
- Le diaconat
- La tenue des registres
- L'entretien
- …

Ces activités permettent le bon fonctionnement de l'Église, et permet de bien organiser ou de respectes sans désordre certains principes du sacerdoce chrétien.

1. LE CORP PASTORALE

La corp pastorale est la toute première organe principale de l'Église. C'est au sein du corp pastorale que certain des principe ou décision de l'Église sont prise ou examine avant ou après être soumis à l'assemble générale.

Il est composé souvent de :

- Pasteur principal comme Evêque Générale
- Les pasteurs assistants
- Les anciens
- Les responsables
- Les diacres

En rencontre au sein du corp pastoral juste des ministres de Dieu, ceux qui sont charger du service de la porale c'est-à-dire de la prédication…

Outre que les proches ou l'entourage de Jésus Christ, Il avait des douze apôtres. Et même dans les douze apôtres, il avait trois plus proches de Jésus Christ pour vivre certaine expérience ou visitation divine.

Souvenez-vous de l'épisode de la transfiguration de Jésus Christ sur l montagne, il avait la juste trois disciples Pierre, Jean et Jacques **Marc 9 :2-9**.

La corp pastorale est aussi l'image de la tête dans du corps humain, c'est dans la tête en lui seul où est présent tous les cinq sens de l'homme :

- Les yeux u organe pour la vue représente le Pasteur principal
- L'oriel pour l'écoute qui est ici comme les pasteurs assistants
- La bouche pour le goûter symbole les anciens
- Le nez un organe de l'odorat renvoie aux responsables des commissions
- La peau pour le touché symbolise des diacres pour leurs services…

2. LE CONSEIL

Tout comme la corp pastorale, le conseil est plus élargi que celui-ci, Car on son sein, il y a d'autres composante de l'Église. C'est lui qui statut sur les démissions, c'est par lui que la corp pastorale présente des démissions applicables dans l'Église.

Le conseil est important au sein de l'Église, pour faire taire des murmures, les mensonges, les non-dits, les conflues, les contradictions, ou les fausses doctrines…

C'est par le conseil que l'ont statuts, on prend des démissions et on applique le règlement intérieur, o fait vote le budget du fonctionnement de l'année.

Sans le conseil, la corp pastorale va fonctionne par une impunité totale, sans contrôle et sans rendre des comptes.

Même si la corp pastorale de ces prérogatives est supérieure au conseil, ceci est tenu de lui transmettre les démissions avant être applique à l'assemblé ou à toute l'Église.

Au sein du conseil on trouve :

- Le pasteur principal
- Les pasteurs assistants
- Les anciens
- Les diacres
- Les responsables et responsables adjoints des commissions
- Les membres ou fidèles

Le conseil se réunie pour examine ces faits suivants :

- Le cas de disciplines
- Les sanctions
- Le budget
- L'assemblé générale
- Les réunions
- Organisation des évènements (les fêtes religieuses, les mariages, le baptême, l'agapes.)
- ...

C'est par le conseil, que les membres du corps pastorales ont le mandat exécutoire et le bilan a présentés.

Toutes les églises qui se respectes à doit en son sein d'avoir ces deux organes pour le bon fonctionnement de l'Eglise.

3. LES REUNIONS

Au sein d'une Église, les réunions sont une activité importante pour examiner de plus près des questions importantes pour le bon fonctionnement de l'églises ou des commissions.

C'est par des réunions que les activités principales comme cultes, séminaires, séances de baptêmes... sont organisés, préparer d'avant sur toute les plans (culturelle, spirituelle, financier, organisationnelle...) au sein d'une Église.

Les réunions doivent obéi aux mêmes principes des réunions à savoir :

- Ordre du jours
- La dates et les heures du déroulement
- Le procès-verbal
- Les question réponses
- Des suggestions
- Des informations…

On distingue plusieurs types des réunions et toutes les réunions ne sont pas pareil, du point de vue de leurs contenus et leurs modes opératoires. Voici quelques réunions au sein d'une Église :

- Les réunions de prières
- Les répétitions
- Les cultes
- Séances
- Des formations
- Des points d'informations

4. LES VEILLES DE PRIERES

Dans une Église les veilles de prières ont d'une importance capitale et surtout pour permet aux et autres de se mettre dans la prière continuelle.

La maison de Dieu est un lieu de prière, les veille de prière viennent ajouter dans l'Église un autre moyen pour être en communication permanente avec Dieu au sein de l'Eglise.

Le Seigneur Jésus Christ a dit veille et prière a fin de ne pas tombe en tentation. Par ce texte on comprend l'importance d'avoir et d'organise des veilles de prière au sein de l'Eglise.

L'avantage de veille de prière sont les suivants :
- Elles sont organisées la nuit ou il y a moins de distraction ...
- Elles permettent à tous les membres occupes la journée de participer a un temps de prière
- Tout comme les moyens de communications, la nuit permette une communication sans interférences avec le divin...

5. LES RETRAITES DE PRIERE

Ajouter à cette gamme de méthodes de prière, les retraites de prière permettent une consécration parfaitement et puissance dans le service divin.

Tout comme les veilles de prières, les retraites de prières mettent une touche particulière dans la vie de l'Eglise.

Durant des retraites de prières, une Église peut organiser des activités :

- Temps de prière (d'intercession, de pardon, de requête…)
- De séminaires (D'enseignement, d'exhortation, de méditation…)
- Des assembles générales pour la marche de l'Eglise
- Etablir et communiquer des principes de bases de l'Église
- Des temps de communion fraternelle
- …

Dans la nouvelle alliance, Jésus Christ avait l'habitude d'amener ces disciples dans les retraites, des temps de prière à l'écart de la foule. Même exemple de Gethsémané est un parfait exemple. **Luc 22 :54-61**.

Un autre exemple soutien cette thèse de retraite spirituelle est celui de la pentecôte pour recevoir l'effusion du Saint Esprit, les disciples ont dû faire des jours dans la prière pour l'activation de cette promesse de Jésus Christ à leurs égards et pour résoudre quelque question d'ordre organisationnelle. **Actes 1 :12-25, Actes**

6. LE DIACONATS

Le diaconat un service ajouter dans l'Église pour l'action sociale. Aujourd'hui, ce service est devenir plus large dans l'Église a cause de son importance.

Si une Église croisse en nombre et n'établit pas un service de diaconat, il risque de rencontrer beaucoup d'ennui de ces membres et des problèmes de fonctionnement interne.

Les ministères dons sont souvent très concentrer sur les services de la prédication, d'exhortation ... mais pas être agile pour les autres services comme le protocole, l'entretien et le sociale.

Or une Église ne peut pas être s'exempté de cette règle d'établir des diacres comme on établit des ministères don, c'est aussi le même principe, car dans la bible la condition donner pour un évêque son le même que pour les diacres. **1 Timothée 3 :8-12**.

7. LES COMMISSIONS OU DEPARTEMENTS

On ce qui concerne les départements ou commissions, c'est un bon système car tous les membres de l'église non pas les mêmes garces ou talon.

Certain sont plus agile dans l''intercession, d'autre dans la louange et l'adoration, vous trouverez d'autre dans le protocole, la technique...

Toutes ces départements permettent le bon fonctionnement et l'harmonie dans l'Eglise.

Souvenez vous de Moise et son beau-père Jethro, après l'observation de ce dernier sur la vie de Moise et la manier où il gérer le peuple de Dieu. Il n'a pas hésité de lui proposer l'organisation, la division et la responsabilité a certaine des collaborateurs de confiance et de responsabilité sur des groupes de 10, 50 e100 et voir 1000. **Exode 18 :13-27.**

Cet exemple est intéressant pour le mode de fonctionnement pour l'église, les départements viennent répondre à ce conseil pour responsabilise des autres personnes pour gérer des commissions ou départements pour le bon fonctionnement de l'Église.

Il y a des gens qui on les talant dans les domaines comme la louange et l'adoration, certains sont dans l'intercessions et d'autres dans l'évangélisations. Il suffit de les responsabilises pour voir explosé ces grâces.

8. LA PREPARATION DE CULTES

La préparation du culte n'est pas une chose à faire à la va vite, pour quoi par ce qu'une bonne préparation permet le bon déroulement des cultes.

Les églises devraient préconise une heure ou plus selon le programme, le culte ou la réunion pour cette tache dans le dessous ou internet de l'Église.

La préparation du culte, doit prendre en compte :

- L'entretien des lieux
- La préparation du protocole
- La préparation technique
- L'intercession ou un moment de prière
- …

9. LES JEUNES ET PRIERES

Les jeûnes et les prières sont obligatoires pour une église du Seigneurs Jésus Christ.

Un jour la question a été posé au Seigneur Jésus Christ sur ces disciples qui ne jeûner pas et ça réponse était sans appel, ils vont jeûner quand l'époux leurs sera enlevé. **Marc 2:18-20**.

Une Église doit mettre en place des programmes de jeûnes et prières. Ces programmes de jeunes et prières permettent :

- Un temps de consécration des membres de l'églises
- Maintenir la flamme de la prière
- Vaincre certains combats et puissances démoniaques **Marc 9 :29**.
- Maintenir la communion avec Dieu
- ...

Outre que tous ces points énumérer, le jeûne et a prière sont des activités à programmer et nécessaire à l'Eglise pour la bonne marche de celui-ci.

Toutes les églises sont combattues sans un temps de prière et de jeûnes au préalable, il est difficile de son sortir dans ces épreuves. Gloire soient rendu au Seigneur Jésus Christ qui a donné à son Eglise la victoire et une promesse de ne pas être détruite jusqu'à son retour pour prendre cette Eglise sans tache ni défaut.

Prenons l'exemple du peuple juif au temps de la Reine Ester, ils ont fait recoure au jeûne et prière de trois jours pour vaincre Hamann l'Amalécite qui était déterminer à leurs exterminer dans toute l'empire. **Ester 4 :6-17**

10. LE SOCIALES

Le sociale dans l'Eglise est la faire de tous. Sans être sociale l'Eglise ne démontrera pas l'amour entre les membres.
Jacques dans son épitre au sujet de la foi, montre l''important des œuvres dans la foi. Dans son exemple, il parle des œuvre sociales ou l'entraide comme un bonne manier d''agir dans l'Eglise. **Jacques 2 :1-26.**

Une Église doit avoir :

- Un programme d'aide aux différents couches sociales
  - Les orphelins
  - Les veuves ou veufs
  - Les pauvres ou diminues
  - Les mutilés de guerres ou exilés
  - Assister des malades
  - Des handicapes
  - …
- Faire des suivis des cas sociaux
- Apporter des soutiens multiples aux autres …
- Soutenir les activités sociales
- …

11. L'ASSEMBLE GENERALE

Comme toute organisation ou association, l'Église doit permet d'avoir des assemble générale pour ;

- Examiner ça marche, ces rapports et activités dans une ou plusieurs années
- Mettre en place des décisions pour le bon fonctionnement de l'Eglise
- Contrôler les départements et des dirigeons
- Examiner des questions d'ordre doctrinaux…

12. INTERCESSION

L'intercession est un organe de la prière dans l'Eglise, sans l'intercession l'Eglise va navigue à vide et sera comme un véhicule sans vole.

C'est dans l'intercession, que tout doit commencer avant de tout faire.

Une fois que la vision, le projet élaborer, l'intercession doit soumettre à Dieu dans la prière pour savoir sa volonté en tout et pour tous.

Tous les membres ont des sujets de prières, ces sujets de prières permettent à l'intercession de fonctionne à tous instant même si ceci peut avoir une a deux jours surplace pour prière.

13. LES SCANDALES

L'un des problèmes qui mine des églises aujourd'hui sont des scandales.

On compte à ces jours plusieurs scandales qui ont véhicules des mauvaises images de l'Église.

Parmi ces scandales on peut citer :

- Le scandale sexuel
- Le scandale sur la richesse des hommes de Dieu
- Le scandale sur les divorces et remariages des hommes de Dieu
- Scandales sur l'homo sexualité
- Le scandale sur la doctrine
- Le scandale sur la pédophilie
- Le scandale sur les dimes et des offrandes
- Le scandale sur la vie privée des hommes et femmes de Dieu
- Le scandale sur les ministères dons
- Le scandale d'empoisonnement et de meurtre
- Le scandale de vole
- …

Dans le **Luc 17 :1-2** '' Jésus dit à ses disciples : Il est impossible qu'il n'arrive pas des scandales ; mais malheur à celui par qui ils arrivent !... '' Ce qui veut dire qu'il y aura des scandales dans les églises, mais malheur a toutes les personnes qui serons des canaux de scandale.

Aujourd'hui, nous sommes contrariées de voir que les fidèles ou les membres sont des premiers à être des personnes qui occasionne des scandales, qui sont au cœurs des scandales. Et pour tant le Seigneur Jésus Christ avait déjà avertie de l'arrivée des scandales et que les fidèles devraient prendre des précautions pour éviter des scandales au sein de l'Eglises.

De l'autre cote l'arrivée des technologies ont augmentés le nombre de scandales et il est difficile que les églises puis gérer des affaires internes de manier ou par des procèdes bibliques. Les fidèles ou membres des églises sont les premiers a tous balances sur l'interne ou des médias, raison pour laquelle les serviteurs de Dieu doivent avoir des retenir, une équipe restreins pour parler des affaires de l'églises en tout discrétions.

Toutes les affaires de l'Église ne doivent être divulguer dans les places publiques sans des actes faites en publiques qui mérites des réprimandes en public.

14. LES CONFESSIONS

Au sujet des confessions, elles sont un sujet sensible, qui mérites d'être gérer avec beaucoup de professionnalisme et d'onction pastorale.

La confession est un acte secret, qui nécessite beaucoup de maitrise de d'un cœurs plein d'amour pour les pécheurs.
Dieu lui-même na pas tue l'homme a l'instant ou il avait péché, mais il a sacrifié un animal pour que les premiers hommes malgré leurs péchés qu'ils puissent vivre quelque jour avant de bénéficier du plan du salut élaborer depuis la fondation du monde mais si la mort était toujours la maintenant définitive. **Genèse 3.**

La confession est un acte de bonne conscience et de regret de la part du pécheur, pour obtenir le pardon et la communion avec Dieu ou son semblable …

Eglise a une grande responsabilité au sujet des confessions qui ont permis a plusieurs personnes de ne pas se confession suit au comportement et au manque de secret des hommes de Dieu.

A mon avis la confession doit être réserver strictement au ministère dons arrivée à la maturité sois par le fruit de l'esprit soit par expériences ou les grâces….

15.CURE D'AMES

La cure d'âme est une partie importante du ministère auprès des âmes. Elle nous permet :

– D'aller en profondeur (dans certains cas de délivrance et résout les cas les plus résistants).

– De savoir avec précision les domaines de la vie d'une personne qui ont été visés ou touchés.

– De discerner les portes d'entrée d'une influence ou d'une attaque démoniaque, de malédiction héréditaire (générationnelle), parentale ou individuelle.

C'est une relation d'aide, un accompagnement chrétien dont la Parole, la Bible ainsi que les préceptes de Dieu sont le centre (dans le cas contraire, cela s'appelle une psychothérapie !). C'est un accompagnement, la recherche par le pasteur (ou ministre attitré et formé) du bien-être de l'autre, de son équilibre psychique et de son harmonie spirituelle par biais de l'Évangile. La cure d'âme s'occupe du thème fondamental de la vie, l'âme humaine étant le lieu où Dieu veut guérir l'homme (humain), le libérer ou l'interpeller. La cure d'âme désigne l'homme dans sa globalité et est la thérapie de la foi. C'est le soin, l'entretien de l'homme en crise. Elle embrasse toute l'existence humaine, ses hauts et ses bas, ses espérances et ses difficultés. Un entretien spirituel approprié peut dissiper les malentendus et les luttes intérieures. Il est aussi des âmes que des difficultés intérieures inavouées parfois même inconscientes privent d'un contact avec Dieu.

La cure d'âme ne se borne pas comme on l'a trop souvent cru à une visite de consolation et de compassion au chevet d'un malade ou d'un infirme. Elle comporte un entretien sérieux, ouvert et fraternel avec une âme assoiffée, fatiguée, chargée, malheureuse. La cure d'âme prend en considération l'esprit, l'âme ET le corps. Est-ce que Jésus faisait de la cure d'âme ?

Luc 4.18-19 « L'Esprit du Seigneur est sur moi, parce qu'il m'a consacré par onction pour annoncer la bonne nouvelle aux pauvres ; *il m'a envoyé pour guérir ceux qui ont le cœur brisé*, 19 pour proclamer aux prisonniers la délivrance et aux aveugles le recouvrement de la vue, pour renvoyer libres les opprimés, pour proclamer une année de grâce du Seigneur.»
...Pour guérir ceux qui ont le cœur brisé signifie « cure d'âme ».
Alors pourquoi de certaines églises locales ne voient pas l'importance de ceci ? Car elles s'appuient sur le verset suivant :

2 Corinthiens 5 :17 : « Si quelqu'un est en Christ, il est une nouvelle créature. Les choses anciennes sont passées ; voici, toutes choses sont devenues nouvelles ».

Ce verset ne parle pas du fait que l'âme devienne une nouvelle créature, mais du fait que notre esprit est désormais sous la conduite du Saint-Esprit, nous devenons alors conformes à

Galates 2.20 : « J'ai été crucifié avec Christ; et si je vis, *ce n'est plus moi qui vis, c'est Christ qui vit en moi*; si je vis maintenant dans la chair, je vis dans la foi au Fils de Dieu, qui m'a aimé et qui s'est livré Lui-même pour moi ».
Via notre connexion entre notre esprit et le Saint-Esprit de Dieu.

Mais notre âme, elle, est ce qui nous caractérise. Elle est comme le disque dur de notre être, le filtre qui absorbe des blessures, systèmes de pensées, et est le siège de nos émotions, nos pensées et notre volonté. Autant nos pensées ont sérieusement besoin d'être renouvelées par la Parole de Dieu quotidiennement, via la lecture, la méditation ET la mise en action de celle-ci, autant nos émotions ont besoin d'être guéries et nos chaînes brisées, nos prisons défaites.

Jean 8.36 : « Si donc le Fils vous affranchit, vous serez réellement libres. »
Il y a tant de choses qui sont enfermées dans notre âme depuis notre enfance (parfois même durant la grossesse qui nous porte): rejet, humiliation, injustice, trahison, humiliation, abandon, abus (de toutes sortes) etc. Tant de choses que bien souvent les psychothérapeutes et

psychologues ne peuvent aider et que, seuls, Dieu le Père, Dieu le Fils et Dieu le Saint-Esprit peuvent, quant à eux totalement guérir. N'oublions pas que la cure d'âme est un ensemble de questions et d'entretiens, d'échanges qui permettent au patient spirituel de se découvrir. Que son but est d'amener l'homme à découvrir le bien-fondé de l'amour de Dieu, afin de le rendre sain, fort, équilibré et confiant. Cependant, elle s'attache principalement à rétablir la paix dans toutes ses voies :

– La paix de Dieu : se réconcilier avec Dieu en acceptant JÉSUS-CHRIST dans sa vie, comme SEIGNEUR et SAUVEUR (Jean 3.16), mais également en passant par le pardon (des autres et de soi), le relâchement des autres.

– La Paix avec Dieu : cela se voit dans la marche chrétienne, loin des convoitises du monde (2 Corinthiens 5.17).

– La paix avec soi -même et les autres : avoir foi en son Dieu. Car sans la foi, il est impossible de plaire à Dieu (Hébreux 11.6). Cela passe également par le processus de guérison de l'âme et la restauration des blessures (je le répète c'est un processus).

Peu de gens font de la cure d'âme car cela implique de se dépouiller de soi-même. Et pourtant, la cure d'âme est une source de lumière, une source de joie et une source de force et d'édification pour celui ou celle qui la reçoit. Les vies sont réellement transformées en Christ et les fruits en sont manifestes au travers de la vie du chrétien.

16.LE BAPTEME

Le baptême fait partir des deux ordonnances **Matthieu 28 :19** du christ pour l'Église et un des éléments qui composent la saines doctrine **Hébreux 6 :1-3**.

Une Église qui n'organise pas des baptêmes est une Église qui ne correspond pas aux directives du seigneur.

Un autre problème sur le baptême est celui de la façon de baptise ou des types de baptême biblique la formule du baptême.

Au sujet des types de baptême, l'Église on mon avis devrait retenir celui qui et sous le modelé biblique à savoir le baptême par immersion ou le fidèle est plonge dans l'eau coulent de rivière ou fleuve ...

En ce qui concerne la formule, Mathieu 28 :19 nous le nom par Jésus Christ lui-même par ;
Au Nom du : Père + Fils et Saint Esprit. Mais une objection a souligné sur la formule est sa forme réduite faite par les disciples qui donne celui-ci : Au de Jésus Christ **Actes 19 :5**. D'où cette formule donne ce qui suit :

Au nom du Père, du fils et du Saint-Esprit = Au nom de Jésus Christ, c'est la même chose car Jésus Christ dit Moi et mon Père nous somme un. **Jean 10 :30**.

18. LA SAINTE CENE

La sainte cène est la deuxième ordonnance du Christ sur son Église.

Il est dit dans la bible fait ceci en mémoire de Moi. **Luc 22 :19-20**. C'est en mémoire de Jésus Christ pour l'œuvre accomplis sur la croix et la célébration de la paque avec ces disciples que l'Église doit célère la saine cène.

L'Église a reçu ce mondât de Christ pour célèbre la saine cène en mémoire de Christ.

Cette célébration est réservée seulement a ceux qui sont baptisé, et qui ont pris le te temps de confesser leurs péchés pour ne pas tomber dans les malédictions ... Par ce que la bible donne des raisons et le pourquoi **1 Corinthiens 11 :23-25.**

CONCLUSION

En conclusion, ce livre n'a bordé pas tous au sujet de l'Église, mais vous trouverez des réponses aux sujets de beaucoup des choses qui concerne l'Église du seigneur Jésus Christ sur terre.

L'Église en tant que corps de Christ a besoin de savoir et de mettre en son sein plusieurs points énumérer dans ce livre et que cette réflexion pourrait reprendre tant soit peut au besoin des uns et des autres.

Que le Dieu Tout puissant, le Seigneur des seigneurs, le Roi des roi, Jésus Christ vous bénisse abondamment en lisons et en mettons en pratique quelques conseils utiles au bon fonctionnement des églises.

BIOGRAPHIE

- La bible louis second
- https://www.biblegateway.com/
- https://frequencechretienne.fr/la-cure-dame-un-outil-biblique-pour-la-guerison-du-coeur-et-des-emotions/

LES COULISSES D'UNE EGLISE DESSUS, DESSOUS…

LES COULISSES
D'UNE EGLISE
Guelor IBARA NGATSE

Printed by Books on Demand GmbH, Norderstedt / Germany